JN436974

내 고향 인천광역시

내 고향 인천광역시

우태훈 시집

月刊文學 출판부

| 시인의 말 |

어느덧 박근혜 대통령께서 취임하신 지도 6개월째로 접어들었습니다.

정무에 여념 없으시리라 믿습니다. 끝까지 나라를 잘 돌보아 주시리라 믿습니다.

저의 처녀시집 『당신도 행복했으면 좋겠습니다』를 2011년 출간하고, 이듬해 두 번째 시집 『겨울바다』를 출간하고, 이제 세 번째 시집 『내 고향 인천광역시』를 출간하려고 합니다. 많이 부족하지만 독자들의 성원에 힘입어 용기를 내어 시집을 출간합니다.

많이 애독해 주시고 격려와 아울러 질책 있으시기 바랍니다. 바다가 그리운 계절, 독자 여러분께서 해수욕장이 있는 바다를 찾으시어 맘껏 휴양을 즐기시기 바랍니다.

차례

제6부_ 한가위 보름달

제7부_ 가을 나뭇잎 사이로

제8부_ 겨울바람에 우는 모과나무

제1부

우랄 알타이어족

우랄 알타이어족

육신을 움직이는 것을
정신이라고 한다
정신이 떠나가면 육신은
지탱하지 못한다
로키, 안테스
히말라야
융프라우
킬리만자로
코타키나발루를
움직이게 하는 것을
사랑이라고 한다
우랄 알타이어족은 세계의
지붕이다
영국인은 미국인의 선조이듯이
우랄 알타이어족은 인디언의
선조이다
알파요 오메가이다
우랄 알타이산맥은 시베리아
함박눈으로 하얗게 덮힌다
그들은 마음이 희고 깨끗하기에
흰옷을 즐겨 입는다.

가슴에 새긴 점

가슴에 점찍어 놓은 사람은
결코 잊을 수가 없습니다

가슴에 찍어 놓은 점은
내 마음이니까

그 점은 지워질 수가 없습니다

그 점을 통하여
우주가 마음 속으로 들어오고,
마음은 우주로 통합니다

아버지를 존경합니다
아버지는 사랑이십니다.

만화책 보기

우리의 선조들께서는 참으로
지혜로우셨습니다
공부하기 싫어하는 자손들의
모습을 보시고 어떻게 하면
공부를 잘 하게 할 수 있을까
노심초사 걱정하시었습니다
그러던 중 만화를 생각해 내시었습니다
만화를 보다 보면 책장을 넘기게 되고
독서에 차츰 취미를 붙일 수 있기 때문이었지요
아히야 만화를 보다가
글 공부에 취미를 좀 붙여 다오
이 애비의 소원이다.

기상 나팔 소리가 다양해졌다

군대에서 듣던 기상 나팔 소리
새벽에 듣던 그 소리를
어느 때나 들을 수 있다
출근시간이 다양해지고부터
기상시간도 다양해졌다
기상 나팔 소리 또한 여러 형태로
변한 것이다
사람도 다양해지고 생각도
취미도 다양한 세계에서
살고 있는 것이다
아들 휴대폰에서는 흉내낼 수 없는
음으로 기상을 알린다.

산은 나의 아들이다

밖에는 비가 내리고
마음에도 비가 내린다
산은 얼마나 많은 비를 맞고 있을까
바다는 또 얼마나 많은 비를
맞고 있는 걸까
산은 나의 아들이요
바다는 나의 딸들이다
아들이 걱정스럽다
바람은 어디서 어디로 흘러 가는지
걱정스럽다.

길상산은 금붕어 같다

머리는 용머리를 향해 있다
정상에는 지느러미가 있고
꼬리는 항구를 향해 있는데
징검다리로 이어진
작은 금붕어가 또 있다
금붕어는 시인과 놀고자 하는데
네 곁으로 갈 수가 없구나
섬들은 금붕어를 닮아
곱게도 펼쳐져 있다
금붕어는 아치형 다리 모양의
부레로 뜬다
그리고 시속 백 마일로 달린다.

그대는 내 꿈을 꾸든지

그대는 내 꿈을 꾸든지
아니면 꾸지 말든지
절대자유라고 생각하겠지만
여신께서 허락해
주시지 않는다면 꿈꿀 수는
없는 일
내 꿈을 꾸지 않을지언정
높은 산이나 꿈꾸실 일이지
호수를 꿈꾸어서는 안된다
바다를 꿈꾸어서도 안된다
별을 꿈꾸어서는 더더욱 안된다
등대는 오늘 밤에도
말없이 너의 머리결에
앉아서 지켜보고 있다.

눈물이냐 빗물이냐

나와 만나지 못함이
이토록 슬프더란 말이냐
나와 헤어짐에 대한
흐느낌이더란 말이냐
아 아 빗물이냐 눈물이더냐
당신은 나를 떠나서
내가 보이지 않는 곳에서
눈물을 쏟아내는 것 같구료
이제 세상은 온통 슬픔에 잠겨서
앞이 잘 보이지 않소
이 세상에서 오직 당신과 나
나와 당신만이 잘못 연결된
배터리처럼 빛을 내지
못하고 말았구료
미안하오 못난 나이기에
그런 참담한 결과를 만든 것 같소
한없는 눈물을 거둬 주오.

잠실벌에서 울다

애인이 떠나갔어요
비가 오는 날에는
애인이 잘 떠나간대요
그것도 모르고 비 오는 날
애인을 만났지 뭡니까
아니나 다를까 애인은
긴 여운을 남긴 채 아주
먼 곳으로 갔답니다
만에 하나 내가 다시 그립거든
찾아오시라고
열쇠 하나를
남겨 놓았지요
하늘이에게 귀띔했더니
울기 시작하더군요
강물이 불어나고 바다가 넘쳐도
눈물은 계속 흐릅디다려.

낭가파르바트에서 꽃이 지다

무더위가 기승을 부리던
기축년 여름 한국인 가슴에
승전보를 알려 준 고미영 산악인
기쁨도 잠시 청천벽력 같은 소식에
아연해진다
하산길에 그만 가지 말아야 할 길을
가고야 만 것이다
그 높은 곳에 외로이 만년설로 피었나니
한여름에도 낭가파르바트를 보면
더위가 가시지만 등골이 오싹해진다
여성 산악인으로 세계 최초로 히말라야
14좌 완등을 앞두고 마침내
세 송이는 피우지 못하였구나
서러워라
이제 한국의 오라버니들이 원정길에
나설 것이다
서러워 마시고 편히 쉬시옵소서
못다 핀 꽃을 사랑하는 맘으로
당신을 추모합니다.

춤

감정을 오랫동안
세월 속에 담가 두면
아름다운 시로 변화하고 싶어한다
즐거움이 계속 되면
몸짓을 하고 싶어한다
사랑스런 연인과
몸짓을 하면 춤이
모습을 드러내고 싶어한다.

7월의 장미궁전을 지나면서

병사들이 어린 자식들을
단단히 지키고 있다
태양은 온종일 땀흘리고
스스로 이름을 밝히려 하지 않는다
병사들은 언제나 사랑과 함께 있고자 한다
그러한 잠시후 사랑의 바람이 불어온다
아카시아 위에서는 까치가 집을 짓고는
바람을 즐기고 있다
그러자 푸른 제복의 군사들이
절도있게 움직인다.

철모르는 코스모스

며칠 동안 비가 오고
날씨가 서늘하니
가을인 줄 알고
코스모스가 피려 한다
곁눈질하다가 옆에
봉숭아가 핀 것을 보고
나도 피어야겠다고
생각했나 보다.

첫사랑

나의 첫사랑
너무 소중해

그 님을 위해서라면
가수가 되어
노래를 불러 드리고
싶어진다.

제2부

그리운 당신에게

그리운 당신에게

낙동강 하늘에는
저녁노을이 단풍빛으로
곱게도 물들어 있다
소나기가 한바탕
큰 잔치를 벌였다
시내의 얼굴은
환하기만 하다
능금처럼 곱게 익은 당신의
얼굴에서는 미소가 한가득
꼭지처럼 움푹 패인 보조개를
보노라면 환상에 젖기도 하고
금세 온 마음이 능금빛으로
타오른다.

서글픈 추억

이미 떠나 버린 보석이기에
찾고 따라다녀 봤자
소용없음을 알았기에
발길을 멈추었나니라
따라다니고, 찾아나설 때가
좋았음이니라 그래도
그때는 희망이 있고 한 줄기
빛이 있어 좋았나니라
바다로 가라앉는 보석을
물고기가 한입에 먹었는데
어느 어부의 손에 잡히고
그 물고기를 최종적으로 사간
그 님은 횡재하였나니라
내가 놓친 그 보석을 기묘하게
쟁취하다니……
아 아 서글픈 일이로다.

길상산

날씨가 맑으면 산에서는
등산 오라고 손짓한다
산은 무료함과 답답함을
달래어 주고자 한다
어느 산이던지 같은 산을
세 번 오르면 천국에
오른다고 한다
길상산을 세 번 오르려 한다
별을 많이도 품은 길상산
산 위에서는 큰 대나무가 한 그루
나를 반겨 주었는데
그 아래로는 다람쥐 같은
샘물 두 줄기가
바다가 그립다고 한다.

8월의 당신

천둥번개 치듯
서로가 그리워했었지

그리곤 까만 밤을
하얗게 하얗게 지새웠지

당신 생각에
밤이 너무도 짧았지

그리움은 희망으로
연기처럼 하늘로 솟았지

아름다운 당신을 두고
떠날 사람 아무도 없겠지.

매미의 울음 소리

하늘에 달처럼
대추나무에 붙어서
울고 있다
애달픈 사랑을
읊조리는 것인데
천 년을 울어도
다함이 없으리라.

유에프오에 사랑을 싣고

1985년 여름 이른 아침
인천광역시 부평구 갈산동 상공에
미확인 비행물체가 동쪽 상공에서
빛과 함께 번쩍 모습을 드러내더니
순식간에 나의 머리 위를 지나서
서쪽 하늘로 날아가는 것이다
처음에는 여느 기구와 다를 게 없다고
여겨졌는데 둥근 원형으로 상공을
일정한 높이에서 수평으로
가는 게 아닌가
아차 저것은 유에프오다
태영아 나와 봐라 저기
이상한 물체가 떠간다
즉시 밖으로 나온 동생도
그것 참 신기하다고 했다
내 사랑도 저 정도의 속도로
상공을 날아 내 님에게
전해졌으면…….

매미는 허공에 시를 쓴다

매미의 울음 소리는
가슴으로 허공에 쓰는 시다
햇볕이 눈부신 날에는
눈부시게 시를 쓴다
구름이 떠가는 날에는
구름이 떠간다고 쓴다
먼 곳에 있는 그 님
눈물나게 보고픈 날에는
눈물나게 보고 싶다고 쓴다
매미는 내가 울고 싶은 날에는
울어 주고, 웃고 싶은 날에는
웃어 준다
내 님도 허공에 쓴 시를
보고 있으려나?

지리산 종주산행을 하면서

단풍나무가 있는 것이 참 이상하다
사스레나무 옆에서 잠자리가 반갑다고
손에 앉았다
세석평전에서 본 천왕봉은 처녀의
유두 같다
그 옆에 뜬 보름달은 처녀의 얼굴 같다
도라지빛 여인꽃이 피었다
처녀는 나를 반갑게 맞으며
특별한 인연으로 기억해 줄 것이며,
높혀 줄 것이라고 한다
벌들에게 물을 줬더니 고맙다고
인사한다
내가 얼마나 가슴 졸이며 종주등반
했는지 까치박달나무가 안다.

지리산을 홀로 걸을 때를 생각해 본다

담대하고
담대하라
그리고 대범해져라
인생은 혼자
세상에 와서 혼자
하늘로 가는 것이다
한때는 부모가 있어서
의지가 되고
부인이 있어서
의지가 되고
자식이 있어서
의지가 된다
그러나 마침내
혼자가 되어서 인생길을
가야 하고
하늘로 가야 하는 것이다
그 누구도 의지하지 마라
지리산을 홀로 걸을 때를
생각해 본다
담대하고

담대하라
그리고 대범해져라.

산우

산벗은 취미가 같으므로
서로를 닮아 간다
서로를 배려하는 마음도
이해하고 양보하는 마음도
서로를 닮아 간다
산벗은 산이 좋아
산을 찾는 사람들이다
하늘은 높고
바다는 넓다 하지만
산에는 사계절이 있다
그래서 산벗은
마음에서 마음으로 통한다
물이 흐르듯이…….

그리운 친구들

빗소리 들리면 편지를 쓴다
그리운 친구들
모두 잘 지내고 있는지
안부를 묻고 싶다
한때는 밤새워 술잔 기울이며
이야기를 나누었던 친구들인데
지금은 무엇하며 지내고 있을까
나는 지금 눈가에 이슬이
맺혀 있는데……
한때는 위로하며 의지가 되어
미래를 함께 가자고 했던 친구들인데
지금은 무엇하며 지내고 있을까
나는 지금 눈가에 이슬이
맺혀 있는데…….

〈TV는 사랑을 싣고〉

세계적인 지휘자 함신익 씨가
첫사랑을 찾는 프로그램이었다
쑥스러워 고개를 떨군 첫사랑
그러나 나와 주신 것에 감사를
드린다
왜냐하면 나의 첫사랑을 보는
듯했기 때문이다
하늘이를 보자 머리에 스쳐 가는
것이 있었다
사랑이란 세월이 가도 변치
않는 거로구나 바로 이거야
하며 손뼉을 쳤다
그러자 하늘이는 여름의 바람을
한껏 실어 날랐다.

어느 날 시가 나를 찾아왔다

서울 성동구 응봉동
산마루에서 아카시아 나무로
학문(學問)이라고 땅 위에 썼다
그 해석은 이러하다
배우려거든 하늘이에게
물어 보아라였다

다음 날 그 나뭇가지를 가지고
백릿길을 가서 강화도
집에 당도하였다

땅에 나무를 심어 놓았는데
서른 살이 되더니 노래를
부르는 것이다

서산 갯마을 …….

늘상 다니던 길이 새롭다

왕십리에서 한남동까지
독서당 길이 있어서 그 길로
출퇴근하면서 다닌다
그런데 새롭게 변화하는
왕십리 새 역사가 낯설게
느껴지는 까닭은 무엇인가
푸르던 잎들이 세월이
지남에 따라
고운 단풍잎으로 갈아입듯이
세상에 나와서 울음을 터뜨린 지
어언 오십 성상을 훌쩍 넘긴 나이
이순을 바라보고 있다
이제는 귀가 순해져야 할 텐데
그렇지 못하니
수양이 덜된 모양이다
독서당이 무엇인지
사가독서(賜暇讀書)가 무엇인지
새롭게 조명해 봐야 하지
않을까.

제3부

고 김대중 전 대통령을 추모하면서

고 김대중 전 대통령을 추모하면서

신안 앞바다에서는 보물이 많이 나온다고 합니다
전남 신안군 하의도에서 고려청자의 꿈으로
세상에 나신 김대중 전 대통령님을 존경합니다
유달산 아래에서 학업을 빠르게 마치시고
신문, 해운 사장을 역임하시다가 해상방위대
전남지구 부대장을 필하시고, 일찌감치 파란이
예고되는 정치일선으로 발을 옮깁니다
만만찮은 정치여정에서는 때론 빨간불이 때론
파란불이 번갈아 켜지더니 급기야 망명생활도,
사형선고도 당하시게 되었습니다
그러나 목숨은 하늘에 달린 것 구사일생으로
건져진 목숨 참 기구하면서도 절묘하게 생을
이어 나가시게 되었지요
정치와 담을 쌓고자 정계은퇴를 선언하시고 영국
으로 가시어 케임브리지대학에서 배움을 돈독히 한 다음
아시아태평양재단을 설립하게 되었지요
재단에 힘입어 정계복귀를 선언하시고,
새정치국민회의를 창당하시고 총재로 취임하신 다음
꿈에도 그리던 제15대 대통령 대선에서 당선되시어,
김정일 북한 국방위원장과 남북정상회담을 이끌어 내시고,

통일의 발판을 마련하시었지요
그 공로는 노벨평화상을 받으시는 영광을 차지하게
하셨으며, 청사에 길이 남을 것입니다
대통령 임기를 마치시고 수도 서울 근교에서
은둔생활로 유유자적하시던 그 짧은 생마저도
마다하시고 끝내 인동초 하나는 못다 피우시고,
무궁화 만발한 하늘로 발걸음을 옮기셨습니다
아 아 슬픈 일이로다
죽는다는 건 슬픈 일이로다
아 이 엉망인 세상을 누가 있어 다스린단 말이냐
나는 무엇 하러 나왔던가
머리는 무겁고 가슴은 터질 듯
답답하구나
고인이 되신 김대중 전 대통령님의 생전의 모습을 보면서
삼가 고인의 넋을 기리며 추모하노라
고인이시여
평화의 안식을 얻으소서
그 속에서 찬란한 월계관을 받으소서.

아 아 그녀

8월의 장미궁전 같았던 그녀
누구를 위해서 열정을 불태우시나
끝내 세 송이는 피우지 못하였구나
때가 이름인가
비가 많이 내리는 날 떠오르는
기억이 있다지요
쏟아지는 빗속을 헤치고 오신 님
다시금 보고 싶습니다
인생은 하나의 실험이다
실험이 많아질수록 당신은 더 좋은
사람이 된다는 에머슨 말씀을
사셨던 당신
오늘도 멋지게 당신의 날로
만들어 가시는지요
당신은 성실하셔서 무엇이든
열심히 일하실 것 같아요
당신의 온화한 미소는
남들에게도 웃음을 선사합니다
내가 휴가를 떠난다고 하니
즐겁게 잘 보내시라며

정말 정말 알차고 가족들과
아름다운 기억에 남는 추억
만들라고 하시었지요
그 말씀 감사합니다
때가 오면 모든 것이 분명해진다
시간은 진리의 아버지다
타블레의 말로 하고 싶은 말을
대신하는 당신
끝내 인연의 끈이 닿지 않아
술 한잔 못한 것이 아쉽네요
8월의 장미궁전 같았던 그녀.

기명유신

자유와 권리를 억압당하고
나라 잃은 슬픔 속에서
긴 세월을 암흑 속에서 보내시다가
해방을 맞이하셨으니 그 기쁨이야
얼마나 컸으랴

아주 먼 옛날 성모님께서
승천하신 날이었다고 한다

5·16쿠데타가 있던 날
우리 가정에서는 부모님과
누나와 내가 첫영세를 받은
날이라고 하니 세상사와
하늘의 일 사이에는 어떤 관계가
있는 것일까

하늘의 명령은 언제나
새로웁구나.

난 참 바보처럼 살았습니다

마라톤 경기에서 앞서거니
뒷서거니한다는 사실을
이제야 깨닫습니다
백지장도 맞잡아야 한다는
사실도 깨닫습니다
나와 같은 삶을 사신 분을
생각해 봅니다
박목월, 박두진, 조지훈
정지용
키타하라 하쿠슈
그들은 참 바보 같은 삶을
사셨던 분들입니다
달님이 그러더군요
당신 참 바보 같다니까요.

제64주년 광복절날에

내 어릴 적 선친께서 자주
불러 주시던 노래가 있었다
압박과 설움에서
해방된 민족

대한민국 만세

얼마나 외쳐 보고 싶었던 말인가
그날의 함성이 삼천리 방방곡곡에
울려퍼진다

벼랑에서 살아온 생명처럼 소중한
내 나라 내 조국을 다시 찾은 날이다

세종대왕께서 창제하신
자랑스런 한글과 선조들의 혼이
녹아 있는 정감 어린 우리 말들을
몽땅 잃을 뻔했던 왜정 식민 시절을
다시는 겪지 않으리라
다짐했으리라

그날의 함성이
88서울올림픽
2002한일월드컵으로
면면히 흐르고 있구나

대한민국
짝짝 짝짝 짝…….

나로호의 한

나는 날고 싶다
세상이 어수선하고 별 신통한 것이 없는 요즘
눈이 번쩍 뜨이게 하는 것이 있다
나로호
고흥의 나로우주센터 나로호 발사지휘센터는 마무리 점검으로
팽팽한 긴장감이 흐른다 리허설은 끝났다
20여 초만 수직으로 솟는다면 900m는 자신 있어
54초만 더 간다면 7.2km도 자신 있어 그러면 소리는 필요조차도
없어 음속을 돌파하고야 말 거야 다짐을 한다
킥턴(kick-turn)으로 화염방향 돌리는 것도 자신 있어 자신 있구말고
발사 후 215초만 견뎌 보자 그러면 나는 상단로켓의 페어링을 두개로
나눠 버릴 테다 나는 터지는 것을 좋아한다
내가 터지는 날에는 볼트도 분리돼 상하단 로켓으로 변신을하지
하단로켓은 필요가 없어 사실은 그래서 상단로켓만 가지고
58초만 더 불을 뱉어 버리면 지구상공 306km 궤도 진입은

문제 없어

발사 후 540초만 견뎌 보자 그러면 마침내 과학기술위성 2호가

상단로켓에서조차 분리되면서 1차적으로 발사 성공한 셈이야 그러나

여기서 만족하지 않고 다시 더 달려 봐야겠어 최종 발사 성공할 때까지

그 일은 11시간 30분을 달려가서 한반도 상공을 지나면서 대전 KAIST

인공위성연구센터와 첫 교신을 하면서야

나로호에는

KSLV-1

태극기

대한민국

K

O

R

E

A

KSLV-1
이라고 새겨져 있는데 눈에 번쩍 띈다
연구원 모두에게 감사를 드린다
COUNT-DOWN
발사 중지
아침 먹은 게 속이 좀 안 좋다
다시 창공을 훨훨 날아 볼 날을 기대한다.

8월의 장미궁전을 지나면서

8월의 장미궁전이 나의 발길을
끌어당기고 있었다
그 장미궁전이 어디 있다고는
말하지 않겠다
세상이 사라질지라도 그 궁전은
건재하고 있을 것이다
궁전 뜰 앞을 지날 때 청나비 두 마리가
춤을 추면서 날고 있었다
궁전 전망대로 발길을 옮기었다
구름을 타고 내려온 매미가 노래 부르다
궁전수비대 여경의 손에 잡히고 말았다
매미는 이 손 놔요 맴 맴 맴 하였다
강물 따라 올라온 바람이 발걸음을
재촉하였다
잘 정돈된 길을 따라 오자니 송원에
도착하였다
갈비탕으로 배를 채웠다
나만 먹을 수가 없어서 대왕마마,
왕자들의 것까지 모두 챙기었다.

성군(星君)은 임금이다

성군은 별나라 임금이다
하(夏)나라를 건국하신 우왕(禹王)의
후예로 아마 138대 왕쯤 될 것이다
탄소측정년대나
DNA검사 역시 불필요하다
선조들의 구전(口傳)을 믿는다
나의 후손들에게도 구전을
들려 준다
콩 심은 곳에서 팥이 날 리가 없다
왕의 후예가 왕이 아닐 수 없다
신분은 천하고 배에서는
쪼르륵 소리가 난다
하지만 성군은 별나라
임금이다
세상을 아름답게 다스릴
권한을 애인에게서
받고 왔다.

인동초(忍冬草)

겨우네 차고 시린
삶을 안으로 살다가
따뜻한 봄이 오자
난향처럼 아름답게 핀 꽃
그 꽃을 피우기 위해서
삭풍은 그렇게도 모질게
몰아쳤나 보다
인동초의 꽃말은
화합 평화 희망이라고
한글사전에 적혀 있다
남태평양의 파도를 타고
구름 위로 뛴 날치처럼
은빛 아득한
인동초가 피었다.

천년 그리움의 아리랑

아리랑 고개만 있는 것이 아니다
유람선도 있는 것이다
그 유람선에는 천년 그리움이 흐르고
있었고,
그는 그를 찾는 이들을 태우고자
기다리고 있었다
강바람이 살랑 불어오니
처녀들의 피부가 어느덧 곱게
말려진 장밋빛으로 타들어 가고
있었다
천년 그리움의 주인은 동목 지소영 시인님
이시다
주인임에도 종처럼 하객들을 떠받드시는
그 모습이 아름답다 못해 성(聖)스럽기까지 하다
오늘은 천년 그리움의 가족이
세 번째 모임을 갖는 날이다
모두의 얼굴에는 환한 미소와 이야기꽃이
만발하였다
키키밴드여 음악을 울려 다오
달님이 웃을 때까지…….

회개의 기도

언제나 저의 기도를 잘 들어 주시는 주님
세상에 평화를 주소서
지난날의 과오를 눈물로써
뉘우치나이다
저의 마음을 깨끗이 정화하여 주시고
씻어 주소서
시(詩)에 온 정열을 불태우게 하시고,
저의 마음이 진실로 시인(詩人)의 마음이
되게 하여 주시옵소서
언제나 리듬을 잃지 않게 하시고,
아름답고 깨끗한 멋진 이미지를
독자들에게 남길 수 있게 하시고,
주님의 메시지를 전할 수 있게
하소서 그리하여 서정시를 쓰던
서사시를 쓰던 세상을 아름답고 선하게
변화시킬 수 있게 하여 주시옵소서
주 하느님은 이제로부터 영원히 찬미 받으소서
우리 주 예수 그리스도의 이름으로 비나이다
아멘.

신종플루 세균과의 전쟁 선포

때아닌 여름철 감기에 걸리면
스트레스를 받게 되는데
신종플루가 아닌가 한 번쯤 의심해
보아야 하는 것이다

신종플루는 세균으로 되어 있지만
인류와 씨름 한판 해 보자고
결투를 신청해 온 것이다

이제 곧 대격돌이 예상된다
인류의 무기는 타미플루(Tamiflu)
예방주사와 약이 있을 뿐이다

전략으로 손을 자주 씻고,
배를 따뜻이, 이불 덮고 잠잔다
하루 적당량의 운동은 필수
그 전략에 신종플루는 전멸이다

가급적 스트레스 받지 말고
즐겁고 유쾌하게 하루하루

웃으며 지낸다면 신종플루는
손들고 사라지리라.

가을이 오면 생각나는 여자

그녀는 초록 계통의 옷을
즐겨 입었지요
가끔은 머리도 금발로
물들이곤 했었지요
미스월드 대회에 나갔더라면
금메달은 따놓은 당상이었을
텐데……
그녀와 가을 들에 나가면
우리는 금빛 사랑으로
물들곤 했지요
샤론스톤보다 더 밉도록 고운
그녀였는데, 가을만 되면
귀뚜라미 우는 소리가 들리네요
자정이 넘어서도 그 소리는
귀를 떠날 줄 모르네요
금빛 노을로 풍성한 가을
돌담으로 쌓아 놓은 성벽 위에
홀로 앉아 있네요.

9월의 당신

나팔꽃 길을 따라
하늘 향하여 가면 장미궁전으로
접어든다
얼쑤 좋을씨구 플라타너스 잎이
하늘 끝에서 치맛자락 춤춘다
장미는 동면에 들어갔다
담쟁이 넝쿨만한 잡초가 또 있을까
코스모스는 살포시 햇살 머금고
인사를 한다
샐비어 사이로 아카시아 꽃내음이
흐른다
팔각정 기둥에 '은성, 유은 영원히
사랑하게 해 주세요'
누군가 써 놓은 글을 보면서
그들이 영원히 행복했으면 좋겠다는
생각을 한다
가을에는 노벨문학상 달라고 기도하지
않겠습니다
다만 당신께서는 심판에 휘지 않으심을
굳세게 굳세게 믿겠습니다
모두에게 평화를…….

제4부
저만치 앞서가는 님

저만치 앞서가는 님

“저만치 앞서가는 님 뒤로
그림자 길게 들인 밤
님의 그림자 밟으려 하니 서러움이
가슴에 이네
님은 나의 마음 헤일까
별만 헤듯 걷는 밤
휘영한 달빛 아래 긴 그림자
밟을 날 없네”
음악이 사라지고 두어 정류장 가다 보니
시인은 음악을 들어야 한다는
어머니 말씀이 떠올랐다
음악이 사라진 곳으로 황급히
뒤따라 갔다
음악을 듣기 위해서였다
귓가에 저만치 앞서가는 님
소리만 어리는데 홀연히
어딘가로 사라진 것이다
대신 그 자리에는 크고 작은
이상한 물건들이 놓여 있었는데
음악과는 무관한 것 같았다.

대리석에 새겨진 뜻은

수억 년 전 생성된 화석에서
대한민국 지도
임금과 신하
산타, 곰, 대나무
천사의 모습이 뚜렷하다
그것들이 지금에
무슨 의미를 주는 걸까
카메라에 담아 본다
음성이 들려온다
어떤 사람은 눈덮인 바위를
사진 찍다가 주님 얼굴을
발견했다고 하는데…….

가을 아침에 드리는 기도

하늘과 땅
인간을 창조하신 주님
당신의 전능하심을
온 세상이 떠받들기를 원합니다
고난과 십자가로 죄악을 없애시고
구원의 다리를 마련하시었습니다
죄악과 고통이 없는
저 세상에서 살고 싶습니다
원죄 없이 태어나신 성모님께서
엘리사벳을 방문했을 때
태중에서 뛰놀았던 태중의 아기처럼
저의 마음도 기뻐 놀고 순진했으면
합니다
이 세상에 평화가 가을 들판처럼
넘실거려 그것을 보는 모든 사람이
즐거웠으면 합니다
이제 발길을 주님에게로 옮깁니다
성령(聖靈)의 불을 놓아 주세요
까닭 없는 눈물이 발등을 적십니다
가을엔 편지를 씁니다

잘 지내고 있는지 건강한지
행복하기는 한지 답장을 바라지는
않습니다
저의 어리석음으로 세상구원의 발판이
되었으면 합니다
저보다 더 바보이신 당신을 사랑합니다
흠숭하옵니다.

9월의 장미궁전을 지나면서

장미의 궁전 거리를
핵심(核心)거리를 걷던
연장해서 걷던
이보다 더 좋을 수 있는
자유는 없다
그림자가 보름달보다 앞서간다
높은 은행나무가 내려다본다
주변에서 분열 중이던 참새 떼가
사열한다
플라타너스 기둥을 깍쟁이
벌레들이 하트 모양으로 파먹었던
자국이 남아 있다
왜 하필 하트 모양일까
이사일일에 오르다
머리를 긁적이며 언덕을 오르니
지선당(至善堂)이 호박잎 사이로
손짓한다.

성령세미나를 다녀와서

오늘 이 자리로
불러 주신 주님
죽이고 싶은 사람 죽이고
감옥에 앉아 있는 것보다
이 자리가 얼마나 더
값진 자리겠는가
연속극에 끌려 다니며
정신이 고정된 것보다
이 자리가 얼마나 더
행복한 자리겠는가
기도와 찬송을 드리고
말씀을 듣는 순간
잔잔한 행복이 밀려오는 듯
하구나.

유신(維新)을 단행하다

황산도에서는 장중감들이 남몰래
익어 가는 계절이다
온몸을 군청색 비늘로 감싼
눈이 까만 물고기 이마에서는 작은
별들이 반짝거린다
아직도 초가지붕엔 새하얀 박
열리는가
조롱박 말고 보름달만한 박 말일세
내 님 같은 그 말이 끝나자 지붕에서
물 새는 일이 없어졌다
양철 혹은 스레트로 옷을 갈아 입었기
때문이다
붉고 푸른 빛이 반사되었다
그 빛은 전국 방방곡곡을 강타하고 말았지
시작이라고나 할까
동방의 조용한 나라에서는 경부고속도로가
생기고 자정에서 새벽쯤이야
달리는 인간들이 많아졌다지
목표는 세계에서 열 손가락 안에 드는 일이야
욕심이 생겼다지 첫째가 아니면
살아남기 힘들다고.

베일 벗는 하왕조(夏王朝)

그들의 머리에
꽃을 심어 주고 싶네
서전, 춘추좌씨전
사기(史記), 이십사사(二十四史),
그 어디에도 동북공정은
나와 있지 않네
신우비(神禹碑)는 과두문이었나
구정(九鼎) 또한 얼마나
아름다운가
그들의 머리에
사랑을 심어 주고 싶네.

호수에 잠긴 달

호수는
처마 아래 버려진
흰장미를 보고
진선미를 닮았다고 하네

호수는
새벽별들로 똬리를 튼
초승달을 머리에 이고
쉬엄쉬엄 가라고 하네

어디선가 들려오는 소리

하루 이틀 기다린 님이
날이 가고 달이 가도
물레만 도네
기다려도 오지 않는
무심한 님이시여
돌아가는 물레야.

가을의 빈 의자

당신이 오시기를 얼마나
기다렸는지요
이제 오시다니요
많은 사람에게
편안함을 주려 합니다
하루의 심신을
풀어 드릴까 합니다
의자에 앉아서
통속적인 잡지를 보면서
내가 친구 되어 줄께 한다
가을의 빈 의자는
낙엽이 뒹굴든
가로등이 졸든
과수댁처럼
외로워 견딜 수 없다.

올 가을에는

고추잠자리는 왜 하늘로 나는지
고즈넉한 햇살에 아롱진 낙엽들
붉어진 얼굴에 보조개 뚫려 있다
당신과의 소중한 시간들 정리하고 싶다
난 당신에게 어떤 존재인지
당신에게 중요한 것은
올 가을에는 인생의 의미를 찾고 싶다

하이데거처럼.

가을 아침 바퀴벌레의 장례식

늙은 바퀴벌레가 죽었다
매미조차 울지 않는다
아마 그 세계에서는
일본의 수상 정도는
됨직해 보였다
그런데도 조문객 하나
없었다
장례를 치뤄 주었다
땅을 파고 묻어 주면
그만인 것이다
수의(壽衣)도 필요 없었다
날개 덮개가
곧 수의였다
토마스 아퀴나스 성인께서
보셨다면 어떻게
하셨을까
4년 전 어린 아이들이
웃고 있었다.

짧은 머리칼

짧은 머리칼은
눈에 잘 보이지 않는다
남의 눈에 띄기 싫어서
숨어 사는 때가 많다
어쩌다 본의 아니게
음식에 전이되었을 때에는
사람들에게 치명타를
입히는 수도 있지요
무엇이든 짧으면
날카로운 칼이 되지요
그러나 사람들은 작고
눈에 잘 띄지 않는다고
무심결에 삼켰다가
치명상을 입거나
암(癌)을 일으키기도 하지요
눈에 잘 보이지 않지만
감각 앞에서는 약해져요
혀끝에 감지되는
짧은머리칼
그 칼에 혀를 베이기도

찔리기도 하지만
혀를 당해 내지는 못하리.

팔만대장경

동방의 조용한 나라
고려는 불교를 신봉하였다
몽고군의 침입을 당하자
그에 대항한 방법은 불심이었다

남 무 아 미 타 불

부처님의 법력으로 나라를 구해 보자는
것이었는데 경 율 론 삼장의 불교경전
팔만 자를 한 땀 한 땀 수를 놓은 것이다

관 세 음 보 살

내 고향 강화 전등사에서 조판하여
선원사로 이안되었으며 그 뒤
합천 해인사로 옮겨졌다고 한다

남 무 아 미 타 불

해전에 약한 몽고군을

섬멸시키려 하였다
그것이 여의치 않자 진도,
제주도로 천도하며 항전을
계속하려 하였다

관 세 음 보 살.

내 고향 인천광역시

성군(星君)은 인천항의 관문이다

연안부두 앞바다에 투포환을 던진다
바다에 떨어지는 소리가 요란하다
바닷물은 동심원을 그리고 퍼져 간다
야구공을 던진다
이번에는 좀더 멀리 날아갔다
소리도 작고, 동심원 그리는 것도 약하다

임오군란의 결과로 제물포조약이
체결되었으니 서기 1882년의 일이다
개화파의 고공 드라이브만 계속 되었더라도
역사는 바뀌었을 것이다

한 세대가 지난
서기 1911년 검여 류희강 선생께서
탄강하셨으니 시당을 예비하신 듯하다
40여 년이 지나 인천상륙작전이 있었다
다시 8년이 지나 바다가 보이는
경산인 문학산과 천제를 지내는 마니산의

정기를 받아 성군 우태훈이 태어난 것이다
성군은 인천국제공항의 관문이다

성군이 태어난 43년 후 인천 신공항은
개항됩니다(2001. 3. 29. 개항)
그때 지은 자축시를 보면

진시 인천국제공항 첫개항하다
하늘에서는 축하의 눈발이 날린다
푸릇한 나뭇가지에도 눈이 내린다
봄에 함박눈을 보니 신기하다
봄기운 완연한 겨울날씨다
우(禹)임금이 신화 같은 실존인물이듯이
오늘의 함박눈은 신화 같은 현실이다
하늘에서도 인천신공항 개항을
축하해 주는 것이다

성군은 인천국제공항의 관문이다.

제5부
수성못

수성못

젊음이 용솟음치던
스무 살 적 군대생활 하면서
즐겨 찾던 곳 수성못
앞산 공원에서 케이블카 타고
산성산에 올라 가창 쪽으로
가다가 군부대를 피해
내려오다 보면 수성못 나옵니다
강화 장흥저수지와 모양새가
비슷합니다
봄에는 진달래 모습 비춰 주고
여름에는 연인들 웃음 보여 주고
가을에는 단풍으로 물든 수성못
또다시 겨울에는 얼음 얼어
눈으로 뒤덮히겠지요
그 시절로 돌아간다면
사랑노래나 실컷 불러
드리지요.

가을은 영천 하늘을 달린다

하늘에는 태극기가 힘차게
바람에 흔들립니다
사관생도들의 걸음걸이가
절도있게 걷습니다
대한민국을 이끌고 갈 젊은
꿈나무들이 자라고 있습니다
가을 하늘을 달립니다
파랗게 파랗게……
곡식들이 익어 가고 있습니다
자랑스런 대한민국 젊은이들의
꿈과 사랑이 익어 가고 있습니다
자식 때문에 영천땅을 밟는 것이
자랑스럽습니다.

서울의 보헤미안

성경과 육법전서로
학문의 기초를 확립하였고
역학, 문학, 서예로
예술의 꽃을 피우려 합니다
서울의 피카소는 아니지만
서울의 보헤미안 정도는 됩니다
왜냐하면 그는
구름 잡는 법을 알고 있기
때문입니다.

사패산에서 도봉산까지

사패산이라는 유래는 유정량이
정휘옹주를 사랑하면서 선조임금에게서
패를 받은 데서 유래한다

신선대에는 신선들만 사는 곳인 줄
알았다 알고 보니 사람이
신선이었다

오봉의 첫째봉은 장녀다
둘째봉은 장남이요
셋째봉은 차남이다
넷째봉은 차녀요
다섯째봉은 삼남이다

오봉은 다섯 형제자매이다
가을단풍에 얼굴이 빨개졌다

조금 더 가면 송추에 이른다.

품파타령

작년에 왔던 각설이
죽지도 않고 또 왔네
품파 품파 품파
품파바 품파 품파 품파

지체 높으신 안방마님
쌀 서너 되 주시며
"또 오세요." 하신다

머리 조아리며 감사해 하는
각설이 "죽지 않으면
또 오겠나이다." 한다

품파 품파 품파
품파바 품파 품파 품파.

가을 하늘만큼이나

내 손바닥에는
가을하늘 만큼이나
선명하게
섬 두어 개가
떠 있다

방패연 사이로
가을낙엽이
스쳐 내려앉는다
대나무가 세겨졌는데
그 어떤 바람에도
굴하지 않는 절개가
보인다.

수리 수리 수리사

수리 수리 수리사
마하 수리 수리사
수리 수리 수리사
마하 수리 수리사
남무아미타불 관세음보살

똑똑똑똑 똑똑똑똑 또또 ㄸ……

지체 높으신 안방마님
쌀서너 되 주시며
"안녕히 가세요." 하신다
시주승 고마움에 부적을
써 주시겠다고 하신다
그러자 안방마님
"저는 하느님 믿습니다." 하신다
다시 스님은 고마움에
"자손만대 복 받으세요." 하신다

남무아미타불 관세음보살
관세음보살 관세음보살

수리 수리 수리사
마하 수리 수리사
수리 수리 수리사
마하 수리 수리사

똑똑똑똑 똑똑똑똑 또또 ㄸ…….

장미꽃이 죽으면 안 되지

장미꽃 줄기 속을 개미가
깨무는 듯 따끔거린다고 한다
해가 뜨자 동네 꽃병원에서
치료를 받고 낫는 듯했다
다음 날은 해가 반짝 났다
하루가 지나자 그저께 날씨로
되돌아갔다
정원사는 보이지 않으며
해는 구름 속으로 파고든다
다시 또 하루가 지났다
평소 시퍼런 가시를 곧추세우던
모습이 그리워져 눈물이
날 것만 같다
장미꽃이 죽으면 안 되지 하면서
한양대학교 부속병원 응급실이
뇌리를 뚫고 지나갔다
많은 꽃들이 울음에 떨린다
눈에 보이지 않는 아픔이 더
아픈가 보다
들에서는 신부가 연신 카메라

촬영을 하고 있다
입 안에 따끔한 영양제 한 방울씩
떨궈 본다
나비는 장미꽃잎 주위를
빙빙 돌며 날고 있다.

추석 이틀 전

구름은 무엇을 숨겼길래
저리 빛이 새어 나올까
황토흙에 대박이라고 쓰려다
박혁거세라고 썼다
그것도 한자로 박혁거세(朴赫居世)
라고 새겼다
어릴 땐 산으로 밤 따러 감 따러
대추 따러 다니었다
혹은 가을 바다낚시도 나가서
망둥어를 낚아 오기도 했다
지금은 일한다
가슴에 밀려드는 아픔을
견딜 수 없을 것 같다.

주름살

복분자에 취기가 어린다
내 님 눈가에 있던
주름살이 보고 싶다
눈가에 주름살이 두 개인데
하나는 서러워 두 개이다
주름살은 쌍무지개 같은
가을 낙엽이다.

그대 고운 내 사랑

그대 고운 내 사랑
10월의 장미처럼
아름다운 당신
왜 그토록 불쌍한지
모르겠네요.

산의 사계

봄눈 녹는 소리에
진달래 잠 깨고
햇살 막아 주는
무성한 잎 보여 주고
노을보다 수줍은
낙엽 보여 주고
흰머리 날리는
모습까지 보여 준다
아름답구나 산의 사계여.

10월의 당신

병실에서 링겔을 꽂고
보름째 밥 한 술 뜨지 못하는
당신을 두고,
나는 먹고 살겠다고
식사하자니
매 식사때마다
가슴이 찢어지듯 아프다.

10월의 장미궁전을 지나면서

분홍빛이냐 선홍빛이냐
나팔꽃
421 여섯 바퀴가 나를
유혹한다
별빛따라 걷는 장미궁전 길
발자국 소리가 없다
눈길이었으면……
길가에는 해바라기
플라타너스
장미
길이 끝나 갈 무렵
빨간 장미 열 송이가 인사한다
보란 듯이
가을 여인의 머리는 갈색
흑갈색
검은 장밋빛.

제6부
한가위 보름달

한가위 보름달

넌 참 예쁘게 생겼구나 했더니
쌩끗 웃는다
송편은 먹었니 했더니
회소회소 하며
쌩끗 웃는다
넌 몇 살이니 했더니
신라 유리왕 9년*에 태어났다며
쌩끗 웃는다
넌 이름이 뭐니 했더니
가배(嘉俳)라며
쌩끗 웃는다.

* 신라 유리왕 9년(서기 32년).

기억이 나지 않는다 하오시니

국군의날 입원하고
그날은 큰아들이 밤샘
간호를 하고
다음 날은 내가 밤샘
간호를 했건만
기억이 나질 않는다
하오시니 서럽다
얼마나 아프고 정신이
없으면 곁에서 잠 잔
남편조차 기억에 없단
말이오
가련한 마음에
가슴이 메인다
모든 것이 제자리로
돌아왔으면 한다.

당신의 행동 하나 하나가

그토록 펄펄하던
성질이 풀이 죽어 있어요
당신의 행동 하나 하나가
어쩌면 그렇게도
애처롭고 불쌍하게
느껴지는지 모르겠소
난 당신에게로 당장이라도
달려가고 싶지만
여건이 허락되지 않아
답답한 심정을 가눌 길
없어 잠 못 들고 있소.

지리산

좌수약지에서는
약초 향기가 난다

왼무릎에는 지리산
바위가 심어져 있다

바위를 보고픈 자
다 나에게로 오라.

황국화(黃菊花)

가을 햇살에 핀 황국화가
흑점에 가려진 태양처럼
아름답다
하도 예뻐서 손으로
쓰다듬어 주었다
꽃잎이 내 손바닥에 옮겨져
심어졌다
화초가 잘 자란다
인어처럼 앉아 있을
당신을 기대하면서
발걸음을 옮겨 본다
지난 밤에는 잘 주무시었는지…….

씁쓸한 가을

사유하라 이 가을을

또 사유하라 떠나간 연인을

또다시 사유하라

홀로 남을 자신을

저만치 겨울이 오려나 봐요

가을이 떠나려 하네요.

새벽 산책길을 다녀와서

새벽 인(寅)시가 두렵다
뱃속에서 비둘기 소리가 난다
잠을 자려다 책을 보다
책을 보려다 산책길을 나서다
동녘엔 엄지와 검지 사이로
연인의 왼쪽 눈썹이 별 위에서
빛난다
88올림픽대로에는 새벽부터
많은 차들이 다닌다
달맞이봉에서 운동기구로 운동을
해 본다
뱃속의 비둘기 소리도 숨을
죽인다
귀가하면서 낙엽을 줍는다
낙엽을 줍는 건 자유다
아직까지 있어 준 낙엽이
고맙게 느껴진다
낙엽들이 지선당에 들어와
가을로 물들인다.

가을남자는 외로울 자유가 있다

가을남자는 외로울
자유가 있다
연인이 떠나가서도
아니다
사랑이 없어서도 아니다
그저 가을이라는
이유 하나로 고독할
자유가 있는 것이다
낙엽을 쓸어담으며
참 가을남자 같다는
생각이 든다
왜냐고 묻지 마라
시인의 말이다.

가을하늘에 정처없는 구름처럼 사는 인생

SUB-WAY
낮에는 전철 밤에는 지하철
전철을 이용하는 승객은 모두가 가족
같다
그들의 얼굴에는 표정이 밝다
목적이 있으며 희망이 있다
앉아서 가든 서서 가든 참
편리하다

가을하늘엔 흰구름이 햇살 받으며
어디론가 서서히 가고 있다
정처없어 보이는 게 가엾다

병실에서 오랫동안 있으면서
허여멀거진 아내의 얼굴이 꼭
저 구름 같다는 생각을 하면서
바람은 왜 옷깃을 여미게 하는지
가방을 어깨에 메고 정류장을 향해서
빠르게 걸어간다

많은 사람들이 줄지어 서 있다
구름처럼 사라진다.

꼴롱바는 달린다

가을아침 낙엽이 달리고 있다
하늘의 별들도 달린다
공기가 차갑다
예전에 태문이형이 달렸듯이
달린다
태문이형은 빠삐용은 달린다고
했다
달리는 길에는
오상고절(傲霜孤節)로 가득하다

꼴롱바는 생각했다

아름다운 밤 달빛은 물결에 차고
순풍에 돛단배 천천히 움직이고
조각만한 시정(詩情)이라도
심장에 있는 사람이라면
달빛 어린 해상에서는 감동에
젖을 것이라는 것을……

대포도 칼도 두렵지 않다

얼굴빛은 변하지 않고
싸움터에서도 담담한 심정
가을하늘 같다고

너는 매 우리는 사막의 끝
적에게는 성난 바다라
해보다 높고 달보다 부드럽다고
그리곤 덤덤히 자신의 길을
가겠다고 다짐해 본다.

우왕(禹王)의 후예를 찾아서

우왕께서는 하(夏)나라를 구주로 나누시고
각 주에 정(鼎)을 하나씩 두시었다
그 정에 무엇이라고 쓰였는지는
알 수 없으나 그것이 갑골문(甲骨文)의 시초가
된 것만은 분명하다
하왕조(夏王朝)는 대체로 14대 17왕으로
대략 472년 동안 왕위 부자상속이
계속되었다고 한다
하은주(夏殷周)의 정통을 잇고자
진시황(秦始皇)께서는 구정이 사수(泗水)에
버려졌다는 소문을 듣고 군사
일만 명을 풀어 찾아 보았으나
천명(天命)은 그에게 내려지지 않았다고 한다
태사공 사마천(司馬遷)은 우임금의 덕과 공적이
그의 후손에 미치어 후손들이 잘 되리라고
예언하시었다
그의 후손 성씨로는 복(卜), 과(戈), 불(弗)
유남(有男), 설(舌), 서루(西樓), 파(把), 기(杞)
남(男), 신(辛), 탕(宕), 동루(東樓), 박(泊)
남(南), 우(禹), 계(計), 명(冥), 조(凋), 하(夏)

하후(夏后), 하후(夏侯), 지(紙), 계(啓), 순(淳)
혜(嵇), 증(曾), 비(費), 월(越), 도산(塗山), 짐(斟)
회계(會稽), 루(樓), 구양(歐陽), 포(鮑), 두(竇)……
그의 후손 인물로는
기(杞)나라 제후들, 월(越)나라 임금들
위(魏)나라 임금들, 원(元)나라 임금들
증자, 조조, 징기즈칸, 우만성, 우현(부)
경산이고 시당이고 성군인
우태훈 시인은 삼가 쓰다.

아버지

배운 것 없고
가진 것 없어도
강직하시고
올바르게 사셨던
아버지

나물 반찬에
상추쌈을 맛있게
드시면서도
행복해 하시던
아버지

사람의 그릇이란
사랑
올바름이라는 걸 알고
아버지 앞에
머리 숙입니다

아버지의 별명을
생각해 봅니다

곧장백이
박사(博士)
아버지 신용을 믿고
동네 어른들이 서로
장리(長利)를 주려 했었지요.

지금이 어느 때인가

가을단풍으로 하늘에 수를 놓아
이불삼아 덮는다
바람이 숭숭 들어오는 단풍이불

관악산 매봉산이 보인다
88올림픽대로에는 차들이 줄지어 간다
한강고수부지에는 유람선 두 척이
하트 모양을 그리며 달릴 것을 약속하고
정박해 있다

차가운 공기는 지금이 어느 때인가를
심감하게 해 준다
거목에 매미 한 마리가 미처
땅 속으로 피신하지 못한 채
동사한 듯하다 매미야 이제부터
너는 자유의 몸이 되었구나

나뭇잎 사이로 산새 소리가 자연의
소리가 되어 울린다
까치도 좋은 소식 가져오려는지

쌍으로 울어 준다
행운의 열쇠번호는 107번이라고 한다
오작교로 다람쥐가 달맞이 간다.

시정(詩情)

오랫동안 사귀어 온 님과
이별이냐 결혼이냐를 놓고
중요한 결정의 순간에
난 이별을 선택했지
이별은 그리움을 낳고
그리움은 시정을 낳는 것을…….

제7부
가을 나뭇잎 사이로

가을 나뭇잎 사이로

가을 나뭇잎 사이로 보이는 하늘은
피카소의 그림 같다
나뭇잎들로 조각난 태양은 금가루를
뿌려 놓은 듯 아름답게 빛나는 시다
그토록 열나도록 빛나는 시를 본 적 없다

가을 나뭇잎 사이로 들려오는 소리는
모두 아름답다
자동차 심장 소리
새들의 노랫소리
나뭇잎 스치는 바람소리
그 중에 가장 아름다운 소리는 우려섞인
어머니 목소리다

가을 나뭇잎 사이로 사람들은
동호대교 위를 달린다
나도 달린다 오른발로
파책을 그리며 달린다

가을 나뭇잎을 보는 눈이

황홀하리만치 아름답다
대자연을 빚으신 분은 얼마나
더 아름다울까 그분께
감사의 편지를 올린다.

애인 같은 시

그리운 당신은
먼 곳에 계신가요
하루 속히 저에게
모습 보여 주세요

당신이 보고 싶어
뜬눈으로
밤을 지새웁니다

선풍기
여름내 매미가 울 때같이
아파하며 울어 주던 너
가을이 오면서 매미처럼
너의 음성 사라졌구나

그냥 보내기가 아쉬워
온몸 목욕시켜 주고
새 옷으로 갈아입혀 주고
예쁘게 치장해서 그의 집으로
보내어진다

길고 긴 동면으로 들어간
것일까 세계여행 가는 것일까
여름 한철 땀흘려 일하고
휴식을 취하려는 것일까

매미가 우는 것 모두가
그가 사라질까 염려스러워
울었던 것이요
매미의 울음 소리 없이
그가 어찌 태어났으리오.

낙엽 속에 새겨진 사랑

붉게 타들어 가는
낙엽만큼이나
빨라진 발걸음들
그들의 목적지는
어디일까

여름내 낙엽을 갉아
먹으면서 괴롭혔던
벌레들은 간 곳이 없다
그 흔적들만이
낙엽 속에 아롱져 있다

한 낙엽을 주워서
그 속을 들여다보니
원망 아닌 그대를
위함이라고 적혀 있다

낙엽도 벌레도
눈 속에서 하얀 숨결을
쉬고 있다

햇살은 내년을 기약
하자며 한 살 추가요
한다.

화란은 나라가 시다

그 나라에는 해수표면보다
육지가 낮게 펼쳐져 있다
그래서 제방을 쌓고 들을 만들어
화초를 재배하고 농사를 짓는다

풍차를 이용해서 풍력발전을
일으키기도 한다
꽃을 재배하는 농가가 참 많다
그런 나라에 시인이 없을 리 없다

그런데 불란서, 독일, 영국
러시아, 스페인, 이태리 등지에서는
많은 시인이 나오건만 이상하리 만치
시인이 없는 것이 특징이다

2002한일월드컵 때 한국 축구감독
히딩크의 나라이기도 해서 더욱
정감이 가는 나라다
하지만 내놓을 만한 시인이 없어서
서글프다

시대가 바뀌었고 스포츠보다는
문학이 꽃피는 화란이 되었으면
좋겠다는 생각을 해 본다
화란 시인이시여
표면으로 부상하라

화란은 나라가 시다.

가을 낙엽이 비에 젖고 있다

가을비에 낙엽이 젖고 있다
어떤 낙엽은 누워서 젖고
어떤 낙엽은 배를 깔고 엎디어서
젖는다
가을은 겨울이 옴을 모른다
겨울은 화성에서나 있을 법한
일이다
낙엽은 비에 젖지만
나는 비에 젖지 않고
우수에 젖는다
가을비가 24시간 계속 내리면
겨울비로 바뀐다
10월의 마지막 밤은 처량하다
그대여 앞산공원에서의
굳은 약속 잊었는가
변치 말자던 굳은 약속 잊었는가
세월따라 흘러간 우정
모든 현상 변하는가
세월이 흐르면
모든 현상 변하는가.

11월의 장미궁전 길을 지나면서

구멍 난 낙엽이 바람에 뒹굴고 있다
그 구엄으로 들여다 본 글씨는 사 ㄹ
로써 모두 다 보이지는 않는다
아마도 사랑이 아닐까 싶다

은행나무 단풍잎 곱게도 물든 거리를
팔자 좋게 걷고 있다 그러다가
플라타너스 잎 하나를 주워서 본다
커다란 세 잎이 하나로 붙어 있는 것이
미래의 한, 중, 일을 보는 거 같다

푸른 줄기의 장미는 서양담뱃대인 양
길가에 길게 늘어져 있다

연기처럼 시의 여신께서 피어올라
신종플루가 심각단계이니 각별히
주의하라며 마스크 하나를 준다.

10월의 마지막 밤

강화도령 서울에 우뚝 서다
역대 강화도령
고구려, 백제, 신라
연개소문
권율 장군
철종 임금
태식이 근진이 참 많네
이 세상에서 일어나는 일들
아무것도 모르는 그들처럼
나도 세상일 아무것도
알지 못한다
비가 오는 10월의 마지막 밤은
서글프다는 것밖에는
그 어느 것도 알지 못한다
그래서 10월의 마지막 밤은
장대비가 아닌 부슬비로
부슬부슬 내리는가 보다
겨울바람이 스산히 피부를 스친다
갑자기 나의 애인은 무얼할까
궁금해진다

로댕처럼 사유할까
아니면
근사한 뷔페에서
우아하게 식사를 할까
비가 내리는 왕십리 거리를
가을비 우산 속에 앵무새 한 마리
찾아들어 조잘거리었으면
…….

11월의 당신

시의 여신으로부터
초대 시의 제왕이라는
임명장을 받았다
보는 것, 듣는 것
말하는 것, 쓰는 것 모두가
시가 된다고 하시었다
산까치 옆에 낙엽 하나가
떨어졌다
뚫어진 구멍으로 사 ㄹ 이라는
글씨가 보였다
아마도 사람일 것으로 추정된다
산까치는 사랑이 찾아와도
눈치 못챘다
시의 여신은 바람이 있는 곳에
저의 바람도 있다고 하시면서
낙엽을 몰고
어디론가 사라져 갔다
그러한 잠시 후 낙엽 사이로
양 팔이 없는 여신이 보였는데
아프로디테로 추정된다

나는 곧 그녀의 양 팔이 되어
드렸다.

시인의 이름

무엇 하나 소중하지 않은 것 없구나
시인의 이름이 마음에 들지 않아서
버리고 싶었다
버린다고 버려지는 것도 아닌데……
크나크신 분께서 이름을 버리지
말라 하시었다
너의 이름을 지을 때에는 이기학 씨,
큰어머니, 아버지 세 사람이 모여서
돈 잘 버는 이름과 효도하는 이름을
놓고 의논하고 있었다 바로 그때
아프로디테께서 나타나시어 "돈은 없다가도
있는 것이니 부모님께 효도하는 이름으로
지어 달라고 하시었다" 그래서
지어진 이름이 우태훈이 되었다
내가 궁핍할 때면 어머니 돈이 효도하는
세상이니 돈 잘 버는 이름으로 지으시지요
했다 허나 어머니께서는 효심이 없는 사람에게
돈이 있은들 효도하겠느냐 하시었다
나는 나의 이름을 버릴수록 시의 여신
께서는 더욱더 드러내 주시는 거였다
단양우씨 문희공파 30세 태훈이라고.

시의 여신께서 내게로 오시다

여신께서 내게로 강림하시다
설악산 바위틈을 지나서
단풍잎 사이로 비치는 햇살 타고
내게로 오시다

오 오 여신이시여
포근한 가슴으로 저를
안아 주세요
아늑한 품으로 저를
불러 주세요

이마에는 샛별처럼 빛나는
왕관을 쓰시었도다

여신께서 나에게 오시어
바다로 가서
시를 건져 올려라 하시고는
홀연히 사라지셨도다.

동방의 시성 박희진 시인을 찾아서

독일의 괴테
이태리 단테
인도의 타고르를 시성이라고 한다지만
무엇 때문에 그들이 시성이란 말인가

진정 동방의 시성 박희진 시인을
모르고서 하는 말이다

노벨문학상 100년사에 어디
박희진 시인보다 더 훌륭하게
시를 쓴 시인이 있다더냐

그의 시집 『청동시대』를 읽고
온몸이 얼어붙고
손발이 떨리어 한동안
정신을 잃을 뻔하였다

그것은 한국의 현대사 중 가장
핵심적인 왜정시대와 육이오 동란이
적나라하게 파헤쳐져 있었기 때문이다

특히 혼돈과 창조 부분에서
「식민지시대」와 「동란과 우리들」이었다
「동란과 우리들」을 읽다가 그만
전율이 온몸을 휘감고 떠날 줄을 모른다

시인은 그래서 반드시 필요한 것이요
큰 시인은 시대가 만드는 것이다
이 시대의 큰 시인 박희진 시인은
진정 동방의 시성이시다.

저의 잘못을 눈물로써 뉘우치면서

주님은 찬미찬송 받으소서
저의 잘못을 눈물로써 뉘우치면서
다시는 똑같은 어리석음을 범하지
않을 결심을 합니다
하오니 예전처럼 아버지와의 관계가
회복되길 원하옵니다
나를 괴롭혔던 모든 것들이 아버지의
뜻을 이루는 영양분이 되었으면 합니다
이제부터는 시를 많이 읽고
글을 많이 쓰고 많은 생각 끝에 시를
짓게 하여 주시옵소서
제가 공부에 매진해 있는 동안
미처 생각하지 못하는 부분들
아내와 자녀와 어머니를
주님께서 특별한 은총으로 돌보아
주시옵소서
지금 밖에는 겨울을 재촉하는 비가
오고 있습니다
떨어지는 빗방울 만큼이나 많은 시를
쓰고 싶습니다

그러면 지나친 욕심일까요
주님은 나의 힘 나의 방패이시니
나는 아무것도 두려울 것 없나이다
이 모든 말씀을 우리 주 예수 그리스도의
이름으로 비나이다 아멘.

예수님께서 믿으셨던 그 하느님을 우리도 믿자

하느님이 없다고 말하는 사람들의
말씀을 귀담아 듣지 마라
그들이 무얼 안다고 그런 말들을 하겠는가
이 세상을 보면 그분의 채취를 느낄 것이다
신앙의 길을 따라 끝까지 가라
때로는 지치고 힘들 때도 있겠지만
그 끝은 반드시 있다
예수님께서 믿으셨던 그 하느님을
우리도 믿는 것이다
인생의 길은 끝이 있으며 그 끝에서는
예수님께서 기다리고 계심을 알아야 한다
지금 믿지 않으면 예수님 만날 희망은
없는 것이다
세속의 눈으로 보면 그분은 한낱 어리석은
사람이요 죄없이 우리 죄를 대신하여 십자가에
못박혀 돌아가신 분으로밖에는 안 보인다
그 이면을 살필 줄 알아야 한다
돌아가신 사흘 후 다시 살아나셔서
사십 일 동안 제자들과 먹기도 하시고 활동도
하시었다

그리고 오십 일이 되자 승천하신 분으로
어찌 보통 인간과 같다고 하겠으며
신이 없다고 말할 수 있겠는가
끝까지 믿음을 가지고 그분이 믿으셨던
하느님을 우리도 함께 믿자.

제8부

겨울바람에 우는 모과나무

겨울바람에 우는 모과나무

겨울바람에 낙엽이
이리저리 뒹굴뒹굴 갈 곳 몰라
애태우네
밤하늘에도 태극기는 펄럭이는데
시인은 모과 없는 모과나무를
올려다본다
겨울바람에 나뭇잎들이
구슬프게 울어 예놓다.

아내와 독도를 다녀오다

아내와 동해 바다를 가로질러
단숨에 독도에 갔다
아무도 보이지 않는다
주변엔 개발한 흔적이 보인다
파도와 물살이 거센바람에
아주 심하게 요동친다
독도에서 본 울릉도는 참 크게
보이는 육지 같은 섬이다
독도에서 잠시 쉬다가
육지로 발걸음을 옮겼다
너른 들은 고르게 정리되어 있었고
바다를 야금야금 육지화하고
있었는데 아내는 아예 육지와
연결하는게 낫겠다고 했다
섬 옆에 난 둑방길을 뛰기 시작했다
집까지 달리기로 했다
계단으로 된 둑방길이었다
눈 앞에 무릉도원 같은 경치가
펼쳐졌는데 사랑합니다 하는 소리가
들렸다.

성군의 사주팔자

황극기원 오회12운68,975년에
태어났으며 소강절 선생의 하락리수로
풀어 보니 무술년 경신월 정해일 갑진시
중천건 구이효를 타고나서 서기2012년
까지만 선천으로 살고 서기2013년부터는
후천으로 화천대유로 살겠다
진희이 선생의 자미두수 명반을 보니
관록궁을 지나고 있으며,
문곡 천마 천곡 조객 세역 소모가
보이는구나
태을천문도 별자리를 보니 묘수로 금우궁
제왕의 자리에 위치해 있구나.

마추픽추

마추픽추에서는 사람이 안 보였는데
노루가 가로질러 뛰어가고 있었다
지리산에서 보던 보름달을 그곳에서도
보았는데 꼭 닮았다
산 정상에서 보니 태평양 동쪽 끝에서
해수욕하는 친구들도 보였다 그들을
게, 소라, 성게들이 지나가다가 흘깃 보고
또 지나가다가 흘깃 보고 멈칫하면서 간다
젊은 친구들은 아랑곳하지 않고
수영에 여념이 없다
멀리서 기적 소리가 작게 들리더니
점점 크게 파도를 타고 물거품을 일으키며
들려오더니 마침내 성냥갑만한 어선 한 척이
수면 위로 떠올랐다
놀란 고래들은 물 속으로 잠수하면서 서로
밀치고 당기고 야단이다
그곳의 등대는 멀리까지 비추기로 유명한데
구름이 사알짝 끼인 날에는 하와이 와이키키
사모아 섬까지도 보인다고 한다.

촌장과 학생

아이들은 같이 놀아 주면 그칠 줄 모른다
등대가 비추이고 어선이 출항하려 한다
많은 수강생들이 모여 있다
공동주택관리사, 영양사, 간호사
변호사 웬 자격증들이 그렇게도
많은지 온수리에서 친구들을 만나
식사하려 한다 온수리는 오일장으로
유명하다
상주 흘골에 아내와 같이 갔다
흙을 고르고 있는 농부의 얼굴에는
햇살에 그을린 구릿빛 얼굴에
소박한 웃음이 피어난다
도회지에서 자란 아내는 신기한 듯
흙을 만져 본다 찰흙에 가까웁다
농촌의 선비는 그렇게 한생을 사셨으리라
"왜 사냐건 웃지요" 하는 것 같았다
그는 도회지에서 살려면 공부해야지요
하면서 공부 안 하고 산 일생이 후회스러운 듯
말하는 거였다
아내는 그 말뜻을 잘 이해하지는

못하는 거 같았다
나는 어린 조카들을 돌봐 주면서
그가 즐거웁도록 손을 잡아 주면서
시간 가는 줄 모르게 놀아 주었다
캡이 달린 모자를 눌러쓰고
집으로 가려 한다
어느덧 공부를 못해 후회했던 일들은
까맣게 잊고 있었다
동해 바다가 보이는 산언덕에 앉아서
산상집회 하듯이 우리 모두는 정신집중해서
듣고 있었다.

자정 넘어 장미궁전을 지나면서

동호월드부지 포장마차에서 동료와 처음처럼 마시고 취한다
무학여고 앞 정류장에는 자정이건만 시내버스가 모두 발이 묶였다
한 삼십여 분 기다리다가 택시는 타기도 싫고 갈짓자로 걸어서
서서히 궁을 향하여 간다
장미궁전에 당도하니 자정이 넘었다 플라타너스와 장미가 사열하고
기다리고 있었다 가로수 병정들은 졸고 있었다
자정이 넘었으니까 그럴 수도 있겠다 싶었다
초병 같으면 "정신차려 이 친구야" 했을 것이다
응봉산 기슭에서 쉬어자세를 취해 본다 시원하다
겨울 초입이라서 그런지 입김이 펄펄 난다 동네 어귀에 오니
그때까지도 장사하시는 분들이 몇 명인가 있었다
밤에 인사를 한다 "늦었습니다" 내일은 또다시 맑은 태양이 뜨겠지 하면서
지선당에 당도하니 모두가 꿈이 아니었다.

소금강 바닷가에서

푸른 바다 사이로 난 길을 난 무작정 달렸지
살랑거리는 파도조차 거의 없었지
아내도 같이 달렸는데 얼굴빛이 홍시빛이었지
아내는 그곳에 근사한 레스토랑이라도 하나 짓자고
하더군 여름철에는 보다 많은 사람들이 피서지로
밀려들 줄로 생각이 들었나 보더군
신문 두 부를 가져와 보고 싶더군 이번에도 아내가
먼저 보겠다고 하더군
바닷가로 난 길을 걸으며 난 다시 낭만에 빠졌어
그토록 아름다운 경치를 본 적이 없었거든
산에서는 굵은 빗줄기가 만들어 내는 계곡의 물
어느 물이 그처럼 영롱할 수 있으리오.

사랑하는 그대여

아주 특별한 날에 입는 옷을 입고
일생에 몇 번 중요한 장소를 다닌다면
당연히 눈에 띌 것이요 모든 사람의
시선이 머물 것이다

어떤 옷을 입느냐에 따라 그 사람의
사회적 지위와 신분이 드러나기도 하는데
평상복을 입고 대중 속으로 들기를 좋아하는
야릇한 버릇이 있는 사람도 있다
사회적 신분이 높은 계층의 사람들은 모두
정장 차림이요 대중 속에서는 좀 이색적인
면이 돋보인다

전능하신 분은 소박한 옷차림이나 아니면
좀 천한 옷을 입고 사람들의 관심 밖에서
있기를 좋아한다고 하는데
대중의 눈 속에서조차 띄지 않는다고 하니
성자를 알아볼 수 있는 눈이 세상에는 없구나

사랑하는 그대여 심안이 열리거라

아주 특별한 날에 입는 옷을 입고.

바이칼에서 대한민국이 형성되기까지

바이칼 호수에서 한민족이
처음으로 모습을 드러내기 시작하였다고 하며
점차로 시베리아, 만주로 이동하면서
백두산을 근거로 불함문화를 형성하였다고 하며
배달민족이라 부르게 되었다고 한다

초기에는 중국본토 한반도 일본열도를 모두
통치하였다고 하며 베링육로를 통해 인디안의
선조가 되었다고도 한다

세계에서도 가장 우수한 문명을 가진 민족으로
만 년 전에 이미 문자를 기록했다고 하니 지금 우리가
아는 삼부경과 가림토가 바로 그것을 증명해 주는
듯하다

농경사업이 특히 발달했으며 저수지를 축조하였고
고인돌에 장사지내는 법을 알았고 성곽을 축조하여
외적의 침입에도 예방하였고 만리장성 또한
우리 민족이 쌓아 놓은 토대 위에 진시황께서
역공격을 방어코자 진지를 구축한 것에 지나지

않는다고 한다

우랄산맥, 알타이산맥, 히말라야산맥 동북부는
모두 우리 나라 영토였으니 얼마나 그 영토가
넓었으랴

지금 세계는 영토전쟁이 아닌 정보와 반도체의 전쟁이다
우리 민족은 유구한 역사와 우수한 두뇌를 가진
민족으로서 전세계를 다스릴 날이 머지 않았으리라.

12월의 당신

귀도해변가 모래위에 앉으신
여인보다 더 가볍고 편해
보이시는 당신
장지이가 선택한 오메가 시계를
들여다보고 있군요
무심한 세월 속에
떠나가는 그리운 추억들
파도에 어디론가 밀려서 가네
해변가 모래사장을 연인도 없이
혼자서 걷고 있네
엇갈린 운명 속에 난 당신을
사랑해요 말하고 싶은데
게들이 안테나 곧추세우고
옆으로 살살거리며
이봐 그러면 못써 할 것만
같아 오늘도 혼자라네.

시인과 농부와 추억

어느 해 가을이던가
낙엽은 쓴웃음을 거리에까지 쏟고
있었지
수렁은 무릎까지 차오르고
벼를 베어 논두렁으로 나르고
또 빠져들어간다
농부는 호탕하게 웃으시며
무척 힘이 드니 추억으로 남겠구나
짧은 햇살 땅거미 만들면
귀뚜라미 우는 방으로 들어가
막걸리 향을 피운다.

12월이 오면

한껏 기대에 부풀어오른다
사각사각 내 님이
오실 것만 같기 때문이다

내 님이 오신다면야
내사 장미의 뜰로 나아가
맞이하리라

내 님은 장미의 궁전 뜰로
오신다고 하였다

하냥 슬픔에 젖어 오시는
님이건만 내 반갑게
맞으러 나아가오리다

12월이 오면 한껏
기대에 부푼다.

비가 내리는 날은 산에 가고 싶다

비에 흠뻑 젖는다면
계곡의 웅덩이에 들어앉아
세상의 시름 잊고 싶다

차디찬 폭포수의 물로
온몸을 씻는다면 정신까지
맑아지리라

비가 내리는 날은 집에 있기보다
산에 가고 싶다

산에서 누가 부르는 것도 아닌데
산에 가면 소나무며 갈참나무
바위돌 자갈이
나의 발길을 붙든다

더욱이 폭포수의 소리를
들으면 선녀가 금세 나타날 것만 같다.

12월의 장미궁전 길을 다시 걸으면서

흰눈발이 머릿결 사이로
흘러내린다
선인봉은 미녀의 덧니같이
쫑끗 솟아 있다
그대들은 무슨 말을
하였던가
다정하게 걷는 연인들처럼
다감해 보인다
말총에 귀먼 사슴처럼
하늘을 올려다본다.

12월의 당신

동인천역에서 주안역까지
달리는 전철 안에서
가장 절실하게 하고 싶은 말이
있다면 사랑해란 말을
해 주고 싶었다.

우태훈 시집_ 내 고향 인천광역시

초판 인쇄 | 2013년 12월 1일
초판 발행 | 2013년 12월 7일

지 은 이 | 우태훈
발 행 인 | 정종명
편집국장 | 차윤옥

펴낸곳 | 月刊文學출판부
주소 | 서울시 양천구 목동서로 225 대한민국예술인센터 1017호
전화 | 02-744-8046~7
팩스 | 02-743-5174
이메일 | klwa95@hanmail.net
등록 | 2011년 3월 11일 제2011-000081호
ISBN 978-89-6138-233-5 03810

값 8,000원